Dania König

DEINE SEELE WILL LEUCHTEN

Über die Autorin:

Dania König ist Musikerin und Autorin. Sie lebt mit ihrem Mann und ihren drei Kindern in der Nähe von Bonn. Danias große Leidenschaft ist es, Wunder in Worte zu verpacken. Sie liebt Bücher, Musik, die Stille und das Meer, aber auch ihr abenteuerliches Familienleben.

DANIA KÖNIG
DEINE
SEELE WILL
LEUCHTEN
IN DER WEIHNACHTSZEIT
WUNDERN BEGEGNEN

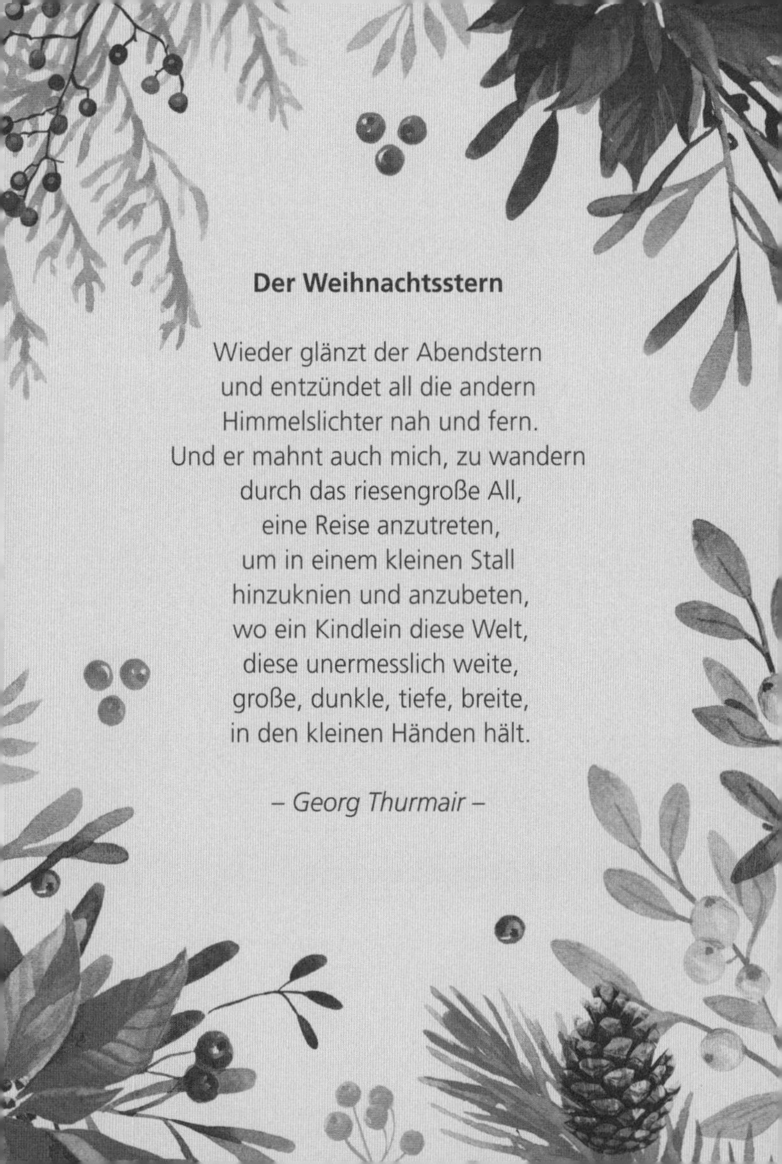

Der Weihnachtsstern

Wieder glänzt der Abendstern
und entzündet all die andern
Himmelslichter nah und fern.
Und er mahnt auch mich, zu wandern
durch das riesengroße All,
eine Reise anzutreten,
um in einem kleinen Stall
hinzuknien und anzubeten,
wo ein Kindlein diese Welt,
diese unermesslich weite,
große, dunkle, tiefe, breite,
in den kleinen Händen hält.

– Georg Thurmair –

INHALT

VORWORT

ALLE JAHRE WIEDER …

… erwarten wir eigentlich kaum noch, uns zu Weihnachten wirklich überraschen zu lassen.

Dabei erzählen wir Geschichten und singen Lieder von Wundern, berichten von einem Gott, der sich so auf uns Menschen einlässt, dass er einer von uns wird. Holen die Sterne des Himmels als Fensterschmuck in unsere Wohnungen, stellen Bäume aus dem Wald in unsere Wohnzimmer und machen mitten im dunklen, kalten Winter alles warm und hell, so strahlend hell. Und doch erwarten wir eigentlich keine Wunder mehr und in unserem Inneren bleibt es oft dunkel.

Das, was unsere Seelen zum Leuchten bringt, was uns wirklich berührt, kann nicht gekauft, nicht gemacht werden.

Es will wahrgenommen, erfahren, erlebt werden.

Es muss nicht groß sein, ist manchmal ein Gedanke nur oder eine Ahnung.

Das, was unsere Seelen zum Leuchten bringt, geschieht mitten im Alltag, beim Warten, auf dem Spaziergang, im Dunkeln, manchmal mitten im Schmerz, unerwartet; kommt vielleicht wie ein Geschenk, obwohl es eigentlich immer schon da war.

Es ist oft nicht einmal ein Verstehen, sondern vielmehr das befreiende Erkennen, dass wir es eben nicht verstehen können. Dass wir es mit einem wirklichen Wunder zu tun haben, vor dem wir dann einfach staunend und still stehen bleiben.

Von dem wir uns einfach anleuchten lassen.

In unzähligen Geschichten, Liedern und Legenden haben sich Menschen bereits mit dem Weihnachtswunder auseinandergesetzt. Und auch ich habe mich auf die Reise gemacht, um der Spur des Lichtes zu folgen, und es freut mich, wenn du mich durch diesen literarischen Adventskalender auf dem Weg begleitest, um im Advent neu das Warten zu lernen, dich mit der Dunkelheit wieder anzufreunden oder zum Licht zu wachsen. Um die Reise selbst wieder mehr wertzuschätzen oder um mit Maria, Josef, den Hirten und den Weisen und vielleicht auch dem einen oder anderen Elefanten ein Stück von Gott zu entdecken. Um all die Geschenke wahrzunehmen, die uns unterwegs auf den Weg gelegt werden, das Großartige im Kleinen und unsere eigene Geschichte in der größten Geschichte zu finden, die wir uns vorstellen können. Um mit allen Sinnen aufzubrechen ins Leben, in dieses „wunder-volle" Leben, ohne Sicherheitsnetz, aber von den kleinen Händen eines Kindes gehalten.

Ich lade dich ein, die Wunder jeden Tag in deinem Herzen zu bewegen.

Ich lade dich dazu ein, auf das schönste Weihnachtslied zu hören, das ich kenne, ein Lied mit einer Melodie aus Geheimnis und Gnade und Wunder.

Denn deine Seele will leuchten.

DEINE DANIA

ANKOMMEN
IM
ADVENT

1. DEZEMBER

WARTEN

Wir warten nicht gerne.
Wir können es auch nicht mehr gut.

Unsere Kinder tun es noch oft:
Sie warten auf den ersten Schultag, dann auf den letzten. Sie müssen warten, bis das Mittagessen fertig ist oder bis der beste Freund Zeit für eine Verabredung hat. Sie müssen auf Weihnachten warten, obwohl sie es vor lauter Vorfreude kaum noch aushalten können …

Sie tun es zwar auch nicht gern, aber doch wesentlich geduldiger und fröhlicher als wir Großen: Im Supermarkt ärgern wir uns, wenn nicht sofort eine weitere Kasse geöffnet wird, nur weil mehr als fünf Einkäufer in der Schlange anstehen.

Wir bestellen online mit einem Klick alles, was wir brauchen, und bekommen es am nächsten Tag an die Haustür geliefert.

Auf unserem eBook-Reader wird uns genau angezeigt, wie viele Stunden und Minuten es noch dauert, bis wir das Buch zu Ende gelesen haben werden.

Wir vervollständigen die Sätze unseres Gesprächspartners, sobald er kurz Luft holt, und im Radio erfahren wir genau, wie viele Minuten wir heute im Stau verlieren werden.

Und dann gibt es noch die schreckliche Methode der „Vergleichzeitigung", weil wir scheinbar immer weniger Zeit, aber immer mehr zu tun haben.

Ich treffe in der Adventszeit nicht selten Zeitgenossen, die sogar sagen, sie könnten es kaum erwarten, bis Weihnachten endlich vorbei wäre, weil diese Zeit so dermaßen stressig und arbeitsintensiv sei.

Mich macht das in regelmäßigen Abständen traurig. Vor allem, wenn ich sehen muss, wie meine Kinder auf Tempo getrimmt werden, wie sie hineinwachsen in eine Gesellschaft der Zeitdiebe, die mit der Zeit auch die Lebensfreude stehlen, wie es in Michael Endes Buch „Momo" der Fall ist …

Es gehört Mut dazu und Bewusstheit und, ja, auch etwas Arbeit, aber:

Zeit zu haben ist eine Entscheidung.

Ich muss nicht alles mitmachen.
Ich darf „Nein" sagen.

Ich darf mir eine Tasse Tee machen und abwarten, bis das heiße Getränk so weit abgekühlt ist, dass ich es gut trinken kann. Und dabei darf ich aus dem Fenster schauen, meinen Gedanken nachhängen, mir selbst begegnen, tief durchatmen und zur Ruhe kommen.

Diese fünf oder zehn Minuten werden mir heute Abend nicht fehlen. Sie werden mir aber vielleicht etwas geben, was mir den Rest des Tages leichter macht, mein Herz ruhiger, meinen Geist heiterer.

Ich darf in der Warteschlange an der Kasse anstatt aufs Handy in die Gesichter meiner Mitmenschen schauen.

Ich „verliere" keine 30 Minuten im Stau, sondern ich kann sie nutzen, um an einen Freund zu denken, dem es gerade nicht gut geht, oder über etwas nachzusinnen, das mich bewegt.

Warten bedeutet ja nicht ein Stillstehen der Zeit, sondern … ja, was eigentlich?

Ein Verdichten der Zeit? So kommt es mir jedenfalls manchmal vor.

Diesen Advent möchte ich jegliche Zeit des Wartens nicht als Verlust, sondern als Geschenk ansehen! Ich möchte mir immer wieder bewusst machen: Während ich warte, dreht sich die Welt weiter, keimt irgendwo eine Pflanze,

findet irgendwo ein Gedanke den Weg aufs Papier, bekommt irgendwer eine langersehnte Antwort, entwickelt sich irgendeine Raupe zum Schmetterling, legt sich irgendwo eine sanfte, helle Decke aus Schnee auf die kahle Erde.

„Auf die größten, tiefsten, zartesten Dinge in der Welt müssen wir warten, da gehts nicht im Sturm, sondern nach den göttlichen Gesetzen des Keimens und Wachsens und Werdens."[1] (Dietrich Bonhoeffer)

2. DEZEMBER

STILLSEIN

Warten hat auch mit Stillsein zu tun.
Wer wartet, erwartet oft auch etwas.
Und wer etwas erwartet, der schaut genau hin,
hört genau hin, ob das, was er erwartet,
denn auch eintrifft.

Wer wartet, spielt nicht Trompete und Fanfare,
sondern spitzt die Ohren.
Wer wartet, springt nicht über Zäune,
sondern hält inne.
Hält vielleicht Ausschau, blickt in die Weite
oder nach innen.
Und das geschieht meistens leise.

Kürzlich sagte mein jüngster Sohn: **„Komisch, wir haben zwei Ohren, aber nur einen Mund."** Ich weiß nicht mehr, in welchem Zusammenhang er das feststellte, aber ich weiß noch, dass mich diese doch recht simple Feststellung sehr berührte. Und dass ich dachte: Vielleicht sollten wir doppelt so viel zuhören und nur halb so viel reden.

3. DEZEMBER

UMSCHALTEN

Mitten in einem recht engagierten Streitgespräch zwischen meinem Mann und mir klingelte neulich das Telefon. Auf dem Display konnte ich sehen, dass es ein wichtiger, lang erwarteter Anruf war, und so nahm ich das Gespräch an und meldete mich freundlich.

Nachdem das Gespräch beendet war, sagte mir Dino, dass er es doch recht beeindruckend fand, wie schnell meine Stimmung wechseln konnte. In einem Augenblick noch wütend, laut, rechthaberisch, unversöhnlich und ein Telefonklingeln später ein freundlich lächelndes „Hallo?" am Telefon.

Wir mussten beide lachen und beendeten unser anfängliches Streitgespräch in einem angenehmeren Ton und mit mehr Leichtigkeit.

Ja, es stimmt: Wir brauchen eigentlich nicht tagelang, bis die Wut verraucht, bis sich ein Streit bereinigen lässt, bis die schlechte Stimmung verfliegt.

Eigentlich können wir auf Knopfdruck ganz anders sein. Ja, wenn wir nur wollen, können wir von einem

Moment auf den nächsten „umschalten" und unsere schlechte Laune in den Wind schießen.

In unserer Familie hat sich das inzwischen eingebürgert: Bei so manchem Streit oder bei dicker Luft, sei es zwischen den Kindern oder uns Erwachsenen, unterbricht plötzlich einer und sagt: „Umschalten!" Dann atmen wir alle einmal tief durch und denken daran, wie leicht es uns fällt, freundlich zu sein – wenn wir nur wollen.

Nein, zum Umschalten braucht es nicht viel.

Eine große Veränderung kann manchmal schnell geschehen – durch eine Kleinigkeit. Das Klingeln eines Telefons. Das Aufgehen eines Sterns. Die Geburt eines Kindes.

Und alles ist anders.

4. DEZEMBER

GEGENSÄTZE

„Bist du schon in Weihnachtsstimmung?"

Diese Frage ist nicht immer leicht zu beantworten – denn was ist Weihnachtsstimmung eigentlich genau?

Für die einen ist Weihnachtsstimmung dieser Zauber, der eindeutig über den Adventswochen liegt. Für die anderen ist es eine Sehnsucht, vor allem nach einem heilen Leben. Für den nächsten entsteht Weihnachtsstimmung erst beim dritten Glühwein auf dem Weihnachtsmarkt. Und für nicht wenige bedeutet Weihnachtsstimmung nichts als Stress, Geschenke besorgen, das Fest planen, Gäste versorgen …

Allen gemein dürfte jedoch die Sehnsucht nach Wärme, Nähe und Frieden sein.

Und trotz dieser Sehnsucht kennen wir es doch nur zu gut: Die Erwartungen sind einfach zu hoch, als dass man sie erfüllen könnte, und so gibt es Streit, Unzufriedenheit und Unruhe. Ein krasser Gegensatz zu dem, was wir uns eigentlich wünschen.

Gegensätze zeichnen das Weihnachtsfest allerdings schon immer aus:

der Gegensatz von Wärme und Kälte,
von Dunkel und Licht,
von Klein und Groß,
von Gefährdung und Bergung.
Von Alltäglichkeit und Wunder.
Und wir brauchen diese Gegensätze!

Fulbert Steffensky schreibt: „Licht wird erst hell und strahlend, wo die Dunkelheit mitgenannt ist. Das Glück der Wärme wird erst erfahren, wo man weiß, was Kälte ist. Rettung weiß man erst zu schätzen, wo die Gefahr erkannt ist."[2]

Auch die ursprüngliche Weihnachtsgeschichte wird erst dann so richtig verständlich, wenn wir auf die Gegensätze in ihr schauen: Nicht die Machthaber, die Reichen oder Obersten erfahren zuerst von der Frohen Botschaft, sondern diejenigen, die gesellschaftlich am Rand stehen, die Außenseiter, die Verachteten.

Der Retter ist kein strahlender, muskelbepackter Superheld, sondern ein hilfloses, nacktes, neugeborenes Kind.

Er betritt die Bühne der Weltgeschichte nicht in einem glänzenden Palast, sondern in einem schmutzigen Stall.

Weihnachten stellt die Erwartungen auf den Kopf.
Immer schon.
Und diese Gegensätze, die Weihnachten ausmachen, können in diesen Wochen des Wartens auf das Fest auch in uns ein bisschen zusammenwachsen.

Denn das ist für mich wahre Weihnachtsstimmung:
das Wundern,
das Pendeln um ein Zentrum,
das scheinbar Unvereinbares vereint.

5. DEZEMBER

WUNDERNACHT

Die Hand vor Augen kannst du nicht mehr sehn
und im Dunkeln keinen Schritt mehr gehn
Doch auf einmal wird's in dir
taghell

Wo der Nebel vorher um dich war
jede Sicht auf deinen Weg verbarg
ist auf einmal alles hier
glasklar

Das ist deine Wundernacht

Und die Engel singen hell vom Himmel runter
Und weißes Eis und Schnee sind plötzlich bunter
Deine Seele ist auf einmal viel gesunder
in dieser Wundernacht

All die Vögel ziehn von hier südwärts
und die Kälte legt sich um dein Herz
Doch tief innen bist du
sommerwarm

Und die Schwere, die dich niederzog
dich um deine Leichtigkeit betrog
hebt sich von dir und wird
wolkenweich

Das ist deine Wundernacht

Und die Engel singen hell vom Himmel runter
Und weißes Eis und Schnee sind plötzlich bunter
Deine Seele ist auf einmal viel gesunder
in dieser Wundernacht[3]

6. Dezember

Dunkelheit

Kennst du sie auch, die Angst im Dunkeln?

Ich erinnere mich gut daran, wie ich als Kind die Tür immer einen Spaltbreit offen lassen wollte, wenn ich schlafen gehen sollte, damit von draußen etwas Licht in mein Zimmer schien. In den dunklen Keller zu gehen war eine Mutprobe. Im Winter abends vom Ballett nach Hause zu radeln, kostete mich jedes Mal Überwindung.

Inzwischen habe ich mich mit der Dunkelheit etwas besser angefreundet.

Ich habe gelernt, dass wir nicht vom Licht reden können, ohne auch von der Dunkelheit zu sprechen, denn beides bedingt einander. Schon in den ersten Versen der Bibel geht es darum, dass Gott auch in der Dunkelheit ist, und dass er die Dunkelheit vom Licht trennte, sodass wir beides voneinander unterscheiden können:

„Die Erde war noch leer und öde, Dunkel bedeckte sie und wogendes Wasser, und über den Fluten schwebte Gottes Geist. Da sprach Gott: ‚Licht entstehe!', und das Licht strahlte auf. […] Dann trennte Gott das Licht von der Dunkelheit" (1. Mose 1, 2–4; GNB).

Ich glaube, dass beide Erfahrungen für uns Menschen wichtig sind: die Dunkelnächte und die Lichttage. Dazwischen wachsen wir, schöpfen Kraft im Hellen, erfahren unsere Grenzen im Finsteren. Das eine würde ohne das andere zum Stillstand führen. Weil wir aber beides kennen, dürfen wir in Dunkelnächten wissen, dass wir in unserer Begrenztheit immer noch von Gott getragen sind, dass Gott auch diese Dunkelheit umfasst. Und an den Lichttagen erleben wir umso mehr Dankbarkeit und Freude, weil wir auch die andere Seite kennen und erfahren haben, dass wir das Licht nicht selbst ins Leben gerufen haben.

Oft drängt sich mir beim Gedanken an Licht und Dunkelheit auch der Vergleich mit Wissen und Nichtwissen auf. Interessanterweise führt mich beides auf meinem Weg voran: Wenn ich durch ein gutes Buch oder einen tollen Vortrag etwas dazulerne, plötzlich mehr Verständnis für eine Sache entwickle, wenn mir im wahrsten Sinne des Wortes ein „Licht aufgeht", dann wachse ich.

Aber auch, wenn ich das Geheimnis wahrnehme, wenn ich spüre, dass ich am Ende meines Begreifens und Verstehens angelangt bin und erkennen darf, dass mich genau das auch einen Schritt weiterbringt. Das ist eine ganz andere Erfahrung, die Demut lehrt. Und ich glaube, es ist kein Zufall, dass genau in diesen dunklen, unverständlichen Momenten Menschen wieder anfangen zu beten.

Das war auch mein Rezept als Kind, nachts im dunklen Zimmer, am Winterabend auf dem Fahrrad und beim Kartoffelholen aus dem Keller:

Ich betete.

Es waren keine schlauen Worte, vielmehr war es ein leises Gespräch mit Gott, manchmal auch jenseits der Worte, wie um mich zu versichern, dass er da ist. Auch hier. Gerade hier, im Dunkeln.

Weil er diese Dunkelheit umfassen kann.

„Für dich ist Finsternis nicht finster, und die Nacht leuchtet so hell wie der Tag: Finsternis ist für dich wie das Licht" (Psalm 139,11–12).

7. DEZEMBER

AMARYLLIS

Ich hatte mir vor ein paar Tagen eine Amaryllis gekauft. Einen kleinen, grünen Stumpf besser gesagt, der einmal eine Amaryllis werden soll. Nach nur zwei Tagen war dieser Stumpf jedoch schon mächtig gewachsen – ein bisschen schief Richtung Fenster.

Schnell drehte ich den Topf, denn in der Anleitung stand ja: „Den Topf drehen, wenn sich die Pflanze zum Licht neigt."

Wir hatten sie bestimmt alle schon, diese vergessenen Blumen, die so schief Richtung Fenster und Sonne gewachsen waren, dass sie ganz schwach und krumm wurden. Die man dann abstützen musste, damit ihre eigene Blüte ihnen nicht zu schwer wird und den Stiel abbricht.

Ich ruckelte also am Topf meiner Amaryllis herum und freute mich, dass meine schöne Blume nun in die andere Richtung weiterwachsen würde, als mir plötzlich der Gedanke durch den Kopf schoss: „Das ist wie bei uns!"

Das ist wie bei uns: Wir wachsen zum Licht.

Der Topf wird gedreht und wir blicken in die Dunkelheit. In Abgründe, in Schmerz, Verlust, Trauer und Ängste.

Aber wir drehen uns wieder zum Licht.

Schauen auf das Helle und neigen uns dorthin zurück.

Und weil wir immer wieder in Richtung Dunkelheit gedreht werden und uns immer wieder zum Licht neigen, wachsen wir gerade.

Wie meine Amaryllis. Die schießt nun kerzengerade, stark, grün und wunderschön nach oben! Und wenn sie einmal blüht, wird sie keine gebastelten Stützen mehr brauchen. Sie wird stark genug sein, dem Licht entgegenzublühen, und mich mit ihrer Schönheit glücklich machen.

Und sie wird mich daran erinnern, dass wir das alle auch können: einander glücklich machen mit dem, was wir sind.

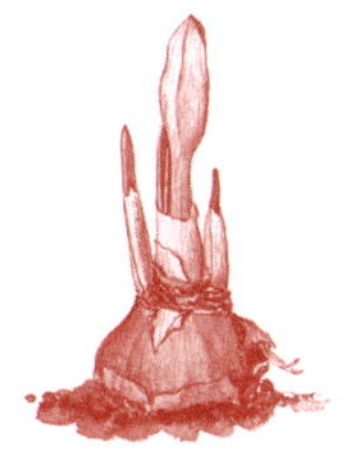

8. Dezember

Aus dem Augenwinkel

In einem Artikel las ich letztes Jahr von dem Phänomen, dass ein Stern am Nachthimmel vor unseren Augen plötzlich verschwinden kann, wenn wir ihn mit unserem Blick fixieren. Aus dem Augenwinkel können wir ihn eben noch gesehen haben, doch sobald wir versuchen, uns auf ihn zu fokussieren, ist er weg.

Es ist wohl so, dass sich in der Mitte unseres Auges eine kleine Grube auf der Netzhaut befindet, Sehgrube genannt, die der am schärfsten sehende Bereich unseres Auges ist. Unglücklicherweise gibt es in diesem Bereich aber keine Stäbchensehzellen, und diese benötigt man, um sehen zu können, auch wenn das Licht schwach ist – wie etwa bei einem Stern am Nachthimmel. Die Zapfen in der Sehgrube sind nicht empfindlich genug, sodass es uns dann so vorkommt, als sei der Stern weg, weil unser Auge ihn nicht fassen kann.

Warum fällt uns das trotzdem so selten auf? Ich jedenfalls kann mich kaum erinnern, schon einmal bewusst wahrgenommen zu haben, dass ein Stern plötzlich verschwunden ist. Offensichtlich ist es so, dass unser Gehirn die Lücke, die in der Mitte unseres Gesichtsfeldes entsteht, mit den Informationen aus der unmittelbaren Umgebung auffüllt. Sodass wir manchmal meinen, Dinge zu sehen, die wir de facto gar nicht sehen können, oder – um im Beispiel zu bleiben – vielleicht sogar Sterne sehen, die gar nicht da sind!

Klingt verrückt, finde ich!

Aber irgendwie kommt es mir auch bekannt vor. Füllen wir nicht öfter mal irgendwelche Lücken mit etwas, das zwar ähnlich, aber so eigentlich gar nicht vorhanden ist?

Ich denke an viele Gespräche, in denen wir recht überzeugt mit Halbwahrheiten und Halbwissen argumentieren. Oder an Gedankenkonstrukte, die wir aufbauen auf der Grundlage von Informationen, die das Zentrum unseres Interesses eigentlich nur umspielen. Insbesondere denke ich an das, was wir meinen, von Gott zu wissen.

Wir „erkennen" eine Wahrheit „aus dem Augenwinkel", doch wenn wir uns darauf fokussieren, ist sie plötzlich wieder weg oder zumindest nicht mehr erkennbar. Und so füllen wir die Lücke wieder mit Dingen, die wir zu (er-)kennen meinen.

Schade eigentlich.

Vielleicht wäre es manchmal gut, mit der Lücke zu leben.

Und zu akzeptieren, dass uns einfach nur manchmal das richtige „Sehwerkzeug" fehlt.

Vielleicht wäre es gut, nicht an dem Stern selbst zu zweifeln, sondern damit zufrieden zu sein, dass wir sein Licht aus dem Augenwinkel wahrgenommen haben.

Er ist ja da.

AUF DER
REISE
ZUR KRIPPE

9. DEZEMBER

DAZWISCHEN

Fionn stellt sich vor dem Spiegel auf Zehenspitzen und sagt: „Mama, ich frage mich, wie es sich wohl anfühlen wird, wenn ich so groß bin!"

Ich muss lächeln, kenne ich dieses Spiel doch selbst nur zu gut! Ich habe es als Kind auch gespielt. Und dann ein Leben lang damit weitergemacht: Zuerst ging es um die Körpergröße, dann um alles andere, in das man hineinwachsen kann.

Wie wird es sich wohl anfühlen, wenn ich studiere? Wenn ich mein erstes eigenes Auto habe? Wenn ich Mutter werde? Wie wird es sich anfühlen, auf großen Bühnen aufzutreten?

Und dann sind wir plötzlich 1,70 m groß, haben eine Großfamilie oder Hunderte von Konzerten gespielt und so mancher Schlüsselmoment wird uns erst im Rückspiegel in seiner Bedeutung bewusst. Wir haben ihn nicht verpasst, wir waren schließlich die ganze Zeit dabei, aber das Leben ist nun mal ein stetes Wachsen und Reifen. Und ist ein Punkt erreicht, wachsen wir schon wieder auf den nächsten zu.

Doch die Wunder passieren nicht erst am Ziel. Unser Leben ist kein Film mit großem Finale. Es ist eine Perlenkette zum Selbstauffädeln, Perle für Perle, Wunder für Wunder, Tag für Tag, Zentimeter für Zentimeter.

Letztlich geht es nicht darum, wo wir anfangen oder wie weit wir kommen, sondern um die uns angeborene Berufung, die Reise dazwischen zu unserer ganz eigenen zu machen.

10. DEZEMBER

REISE

Im Advent bauen die Kinder die Krippe mit den Holzfiguren auf. Außer von Ochs und Esel ist sie noch unbewohnt, in der Krippe liegt nur Stroh. Irgendwo in unserem Wohnzimmer machen sich Maria und Josef auf den Weg, auf der Kommode ruhen die Hirten mit ihren Schafen vor dem Blumentopf mit dem Weihnachtskaktus. Und ganz hinten unter dem Klavier ist das Morgenland, in dem die Weisen gerade ihre Schätze in die Truhe packen und nach dem Stern Ausschau halten, der über der Krippe aufgehängt ist. Sie alle gehen auf eine Reise.

Und ich gehe mit. Mache mit ihnen eine „Pilgerreise zur Entdeckung Gottes".[5]

Ich bin dabei ein bisschen Maria, bewege Fragen und Worte in meinem Herzen.

Ich bin manchmal auch ein Hirte, fühle mich außen vor und werde doch Zeuge von Wundern. Und ich bin auch wie die Weisen: Ich folge dem Stern, der sich mir in den dunklen Nächten zeigt, aber am Tag nicht zu sehen ist.

Ich folge ihm in die Tiefe, Weite, Höhe, um schließlich mit all meinen Fragen, meinen Wunden und meinem Gold anzukommen in einem kleinen Stall, wo ein wehrloses Baby auf Heu und auf Stroh liegt und das Ziel meiner Reise ist.

Dieses Kind in der Krippe ist der menschgewordene Gott, der mich hierher gestellt hat, in diese Welt, gemeinsam mit Maria, Josef, den Hirten und den Weisen. Der die Sterne ins Leben gerufen und sich wollige Schäfchen erdacht hat. Der schon immer da war und auch jetzt da ist wie in jener ersten Weihnacht in Bethlehem. Jetzt ist er hier, in meinem Wohnzimmer, wo ich unter dem selbstgebastelten Stern aus Pergamentpapier sitze und auf Weihnachten warte. Auf ihn.

Und jeden Tag entdecke ich ein kleines Stückchen mehr von diesem Gott, der seinen Funken in alle und alles gelegt hat, der mich erfüllt und umgibt wie die Atemluft um mich herum.

Ich mache mich auf die Suche, jeden Tag wieder, auf „eine Suche nach der Menschlichkeit (…), eine Wallfahrt zum Herzen, eine Pilgerreise zur Entdeckung Gottes"[6]!

11. DEZEMBER

EIN STÜCK VON GOTT

Unsere Weisen aus dem Morgenland durften heute Morgen wieder ein Stückchen nach vorne rücken, sie kommen dem Stern und dem Stall schon näher. Dieses Jahr haben sie neben dem Kamel und der Schatztruhe auch einen Elefanten dabei. Der ist zu ihnen gestoßen, als eins unserer Kinder im Religionsunterricht das Gleichnis vom Elefanten im Dunkeln[7] kennenlernte.

Diese Geschichte hat die ganze Familie fasziniert: Einige Männer sollen einen Elefanten untersuchen, um zu begreifen, worum es sich bei diesem Tier handelt. Allerdings sollen sie das in einem stockdunklen Raum tun. Jeder der Männer bekommt ein Stück des Elefanten zu fassen: der eine den Rüssel, der andere die Beine, der dritte ein Ohr … Als sie das Haus verlassen, entbrennt zwischen den Männern ein Streit über die Frage, was denn nun ein Elefant sei. Jeder von ihnen ist davon überzeugt, seine eigene Wahrnehmung sei die richtige, und doch stimmen ihre Wahrnehmungen nicht überein. Denn so ein Elefantenohr fühlt sich nun mal völlig anders an und hat eine andere Form oder Größe als ein Rüssel oder ein Bein eines Elefanten.

So gehen die Männer, die gerade alle einen Elefanten kennengelernt haben, mit völlig unterschiedlichen Vorstellungen von ihm auseinander.

In unserem Wohnzimmer führen die Weisen aus dem Morgenland den Holzelefanten als Zeichen dafür mit sich, dass sie sich auf ihrer Suche nach dem König einer Sache bewusst sind: Ihre eigenen Erfahrungen sind immer nur ein kleiner Teil der Wirklichkeit.

Je nachdem, welche Perspektive einer hat oder wählt, sieht er die Dinge anders als ein anderer.

Das passiert allein bei uns zu Hause ganz schön oft. Wie viel mehr mag es da auf weiten Reisen geschehen – mit Reisegefährten, die ganz anders denken als wir? Zum Beispiel auf der Reise zum versprochenen König? Wie oft mag wohl einer davon überzeugt sein, Gott erkannt zu haben, während der andere die Sache ganz, ganz anders sieht?

Wichtig ist, sich immer wieder darüber bewusst zu werden, dass die eigene Perspektive auch nur ein Stück der Wirklichkeit ist, aber nicht die absolute Wahrheit. Dass Gott so viel höher ist als unser Verstand, so viel größer als das, was unsere Augen fassen können, so viel weiter als

unsere Herzen, bunter und schöner! Und dass er ein wundervolles Geheimnis bleibt, das größte überhaupt, bis unsere Reise auf Erden eines Tages wirklich endet und sich die einzelnen Stücke unserer Erkenntnis zusammensetzen werden zu einem vollkommenen Bild.

Schon tausend Jahre vor der Entstehung der Geschichte des Elefanten im Dunkeln schrieb einer der ersten christlichen Theologen: „Unser Erkennen ist Stückwerk. Wenn sich die ganze Wahrheit enthüllen wird, ist es mit dem Stückwerk vorbei. Jetzt kennen wir Gott nur unvollkommen; dann aber werden wir Gott völlig kennen."[8]

12. DEZEMBER

MARIAS „JA"

Maria hatte sich das alles bestimmt anders vorgestellt. Sie war eine jüdische Teenagerin, nach dem Gesetz verlobt, und plötzlich erzählte ihr ein Engel, dass sie nun schwanger werden würde mit niemand Geringerem als dem Sohn des Höchsten. Mit einem Kind, dessen Herrschaft kein Ende haben würde. Einem heiligen Kind.

Wenn mir das passieren würde, ich käme aus dem Fragen nicht mehr heraus! Ich würde mit dem Engel diskutieren, bis er sich wahrscheinlich eine andere aussuchen würde.

„Warum ich?", würde ich fragen. „Wozu? Und was dann?", würde ich fragen.

Maria reagierte anders. In der Bibel steht: „Da sagte Maria: Ich bin die Magd des Herrn; mir geschehe, wie du es gesagt hast" (Lukas 1,38). Keine Diskussion, keine Fragen, wieso, weshalb, warum, einfach nur ein „JA".

Marias „JA" hat mich schon immer beeindruckt – und schon immer demütig gemacht. Und ich übe mich darin, die Dinge, die Gott mir schickt, auch ohne Engel, so anzunehmen wie Maria.

Mit einem „JA".

Ich übe das täglich. Jeden Morgen neu.

Ich will mich Gott weihen, ein altmodisches, aber so schönes Wort, wie Maria.

Will mich heute der Liebe in die Hände legen.

Mein großes „JA" sprechen zu allem, was ist.

Zu allem, was heute auf mich zukommt, mir heute begegnen wird.

Und ich will mich erinnern an das große „JA" Gottes zu mir.

Mich erinnern: Ich bin sein Kind.

Und wohin ich heute auch gehe, er ist schon da.

13. DEZEMBER

SICHERHEITSNETZ

Maria und Josef – zwei junge Leute, die eine atemberaubende Botschaft erhalten, die ihr Leben auf den Kopf stellt. Jedes Mal aufs Neue erstaunt mich in dieser Geschichte der blinde Glaube, die Hingabe, mit denen diese beiden ihren Weg mit Gott gehen.

Wäre ich damals die Freundin dieses jungen Paares gewesen, hätte ich ihnen sicher geraten, erst mal in der Heiligen Schrift zu forschen, ob das überhaupt sein kann, was der Engel ihnen da erzählt hat. Oder sollte man das Thema vielleicht mal den Ältesten vorstellen? Den Hohepriester dazu befragen? Und muss man nicht nach dem Besuch eines Engels mal grundsätzlich sein Leben überdenken? Ist man überhaupt würdig genug für diese Aufgabe? Hat schon mal jemand ein Buch über dieses Phänomen geschrieben und gibt es Gesetze, die man in einem solchen Fall kennen und befolgen sollte?

Doch die Bibel erzählt nichts von alledem.

Maria und Josef änderten die Weltgeschichte ohne große Vorbereitung, viele Fragen und scheinbar ganz ohne Anstrengung. Ihr Leben war bis zum Erscheinen des Engels und dessen Verkündigung vermutlich ohne großartige theologische oder moralische Meisterleistungen verlaufen. Und doch suchten sie nicht erst nach einem „Sicherheitsnetz“ in ihren Synagogen und bei ihren religiösen Vorbildern.

„Ihr einziges Sicherheitsnetz waren Gottes Liebe und Barmherzigkeit“, schreibt Richard Rohr.[9]

Ich wünsche mir, auch nur dieses Sicherheitsnetz zu brauchen.

Ich wünsche mir, über meinen eigenen kleinen Horizont hinaus offenzubleiben für das Wundervolle! Mich ihm vorbehaltlos hingeben zu können, ohne Bestätigung durch Systeme oder bestimmte Methoden und fromme Kriterien.

Auch wenn mir kein Engel erscheint, ist dafür mein Vertrauen gefragt – jeden Tag aufs Neue, auch diesen Advent.

Kann ich mich mutig und mit blindem Glauben in dieses Sicherheitsnetz fallen lassen, in Gottes Liebe und Barmherzigkeit?

14. DEZEMBER

KLEINER ZWEIG HOFFNUNG

Da liegt der alte Baum vor mir auf dem Weg beim Winterspaziergang im Wald: riesenhaft, leblos, abgeschlagen.

Aus seiner fest im Boden verankerten Wurzel sprießt ein junger Trieb – leise, still, ungesehen.

Was zählt, ist nicht der abgeschlagene Baum,
sind nicht die zerplatzten Träume,
die zerschlagenen Hoffnungen.
Was zählt, ist, dass aus allem Alten Neues wachsen kann.
Das ist Hoffnung.
Das ist Advent.
Das kleine Wunder, das klitzekleine Wunder, das so still und unspektakulär geschieht, dass wir es oft übersehen. Aber genau da geschieht es: im Kleinen, im Winzigsten,
im Einsamen,
im Verletzlichen, im Verlorenen.

Die Gnade entfaltet sich wie die jungen Blätter des Triebes. Langsam, leise, zart.

Aber unaufhörlich.

Ich will nicht achtlos daran vorbeigehen,

nicht in der Hektik meines Tages auf den kleinen Zweig der Hoffnung treten.

Ich bleibe staunend davor stehen und lausche auf seine flüsternde Botschaft:

Neues Leben kommt!

SEELEN-LEUCHTEN

15. Dezember

Sonnenaufgang

Und dann vergehen die Adventstage schon wieder so schnell, obwohl wir uns vorgenommen haben, dass es dieses Jahr endlich mal ruhiger sein soll …

Aber die Plätzchen wollen gebacken werden, der Weihnachtsbasar steht vor der Tür, die Geschenke müssen besorgt und verpackt, die Karten verschickt werden! Die Fenster sind bislang ungeputzt, mit dem Frisörtermin für die Jungs wird es vor Weihnachten ohnehin nichts mehr, seit drei Tagen haben wir das Adventskalenderbuch nicht mehr gelesen, Jonna steckt mitten in der Klausurenphase, Dino arbeitet Tag und Nacht an einer neuen Produktion und ich habe wieder zu viele Konzerte gebucht und jetzt schon ein schlechtes Gewissen. Es sollte doch Zeit da sein, diesen Advent, für besinnliche Stunden bei Kerzenschein …

Ich falle am Abend hundemüde und unglücklich ins Bett und vermisse das Gefühl, mich auf Weihnachten zu freuen. Ich vermisse das verheißungsvolle Warten, den Zauber, die Familienzeit, denke: „Es sollte doch alles anders sein …"

„Ich komme trotzdem!", sagt Gott da. „Wie immer."

Ich halte die Luft an. Es bleibt still.

Aber in meinem Kopf tauchen die Bilder der letzten Jahre auf und ich erinnere mich:

Ja, Gott kam auch in dem Jahr, als meine erste Ehe zerbrach und ich dachte, Weihnachten hätte sich damit erledigt. Oder in dem Jahr, als eins der Kinder so krank und ich so voller Sorge war. Oder letztes Jahr, als nichts war wie sonst, als alle Konzerte abgesagt wurden und Zukunftsangst uns lähmte.

„Aber die Fenster…?", wage ich schwach einzuwenden.

„Mich kümmern deine ungeputzten Fenster nicht", sagt Gott. „Schau nicht auf die Fenster, schau auf mich!

Ich komme zu dir, wie jedes Jahr! Ich komme zu dir, wie immer!

Ich komme zu dir, von Januar bis Dezember, trotz deiner Leere, trotz deiner Hektik, mitten in deine Sorgen hinein. Nichts hält mich auf, denn ich bin schon längst da.

Ich komme zu dir, wie die Sonne über dir aufgeht: Sie scheint die ganze Zeit, nur du siehst sie erst, wenn sich die Erde weiterdreht.

Dreh dich zum Licht, dann siehst du mich!"

Das mit dem Sonnenaufgang überzeugt mich! Ich staune, empfinde Demut, Ehrfurcht, und ... ist das ein Weihnachtsgefühl?

Ich atme tief ein und aus, drehe mich im Bett auf die andere Seite und lasse mich in meine Kissen sinken. Und in Gottes Arm.

16. DEZEMBER

UNTER DER DECKE

Höhlen bauen ist für ihn das Größte!

Stühle und Tische werden mit Decken und Tüchern behängt, Kissen und Kuscheltiere angeschleppt, und dann kriecht er darunter, mit Taschenlampe, Büchern und Apfelschnitzchen.

Lange Zeit verbringt er dort, manchmal mit seinen Geschwistern, manchmal ganz allein.

Es ist gemütlich, warm und dunkel, ein begrenzter Raum mit weichen Wänden, mit einer Decke über ihm und einem Schlupfloch, über das er die Kontrolle hat.

Einen geschützten Raum zu haben zählt zu den menschlichen Grundbedürfnissen. Und hier, in der Höhle im Kinderzimmer, kann er prima üben, allein zu sein, ohne Angst zu haben. Er kann sich abgrenzen und in sich hineinspüren. Kann abseits der stürmischen Welt seinen eigenen stillen Weg finden.

„Mama", ruft seine kleine Stimme plötzlich unter den Decken hervor,

Ich glaube, Gott ist auch eine Höhle."

17. DEZEMBER

DU DECKST MICH ZU

Ich kann keinen Fuß mehr heben
auf dem Schlachtfeld dieser Welt
und ringsum fliegen die Pfeile
aber ich bin wie gelähmt

Doch du bist
immer noch höher
immer noch größer
immer noch da

Du deckst mich zu
du deckst mich zu
unter deiner Liebe finde ich Ruh
Daunenweich und federwarm
und wenn ich falle, fall ich in deinen Arm

Diese Nächte, die nicht enden
Tage, die mich nur verbrennen
Wenn die Welt um mich verrücktspielt
und ich mich immer mehr verrenne

dann bist du
immer noch höher
immer noch größer
immer noch da

Du deckst mich zu
du deckst mich zu
unter deiner Liebe finde ich Ruh
Daunenweich und federwarm
und wenn ich falle, fall ich in deinen Arm

Und wenn die Welt um mich zerfällt
ist deine Liebe immer noch, was mich hält
und wenn das Leben mir mein Herz zerreißt
ein Teil von mir ist in dir immer noch heil

du deckst mich zu
du deckst mich zu
unter deiner Liebe finde ich Ruh[10]

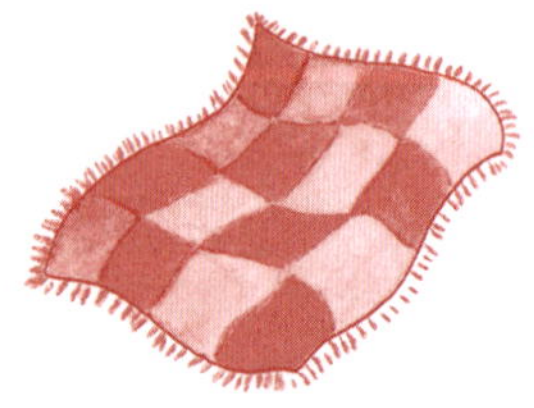

18. DEZEMBER

LACHEN

Als Jonna drei Monate alt war, stand ich eines Tages mit ihr auf dem Arm in unserer kleinen Küche, als sie plötzlich leise gluckste, kicherte und dann laut loslachte. Ohne einen erkennbaren Auslöser. Ich hatte keine lustigen Grimassen geschnitten, sie schaute auch auf keinen bestimmten Gegenstand.

Ich hielt mein Baby im Arm, das lachte, wie ich noch nie ein Baby hatte lachen sehen. Der ganze kleine Körper wackelte und der Brustkorb hüpfte; sie lachte mit ihrer süßen Babystimme aus vollem Halse und strahlte mich aus ihrem zahnlosen Mündchen an.

Das ist Freude, dachte ich, und Tränen der Rührung schossen mir in die Augen, während ich zurücklächelte. Sie lacht vor purer Freude.

Ich habe dieses Lachen nie vergessen – ihr erstes schallendes Lachen aus reinem Glück, ein Lachen, einfach, weil man am Leben ist.

Und ich will es bewahren in ihrem Innersten und auch in meinem.

Gerade in der Advents- und Weihnachtszeit denke ich oft an diesen Moment zurück.

Der Winter ist trüb, die Tage sind kurz, die Dunkelheit setzt uns zu und Lachen wäre uns gerade jetzt besonders zuträglich. Denn Lachen ist heilsam. Ich bin dankbar, das durch meine Kinder (die diversen Studien zufolge pro Tag 15-mal häufiger lachen als Erwachsene) erfahren zu dürfen.

Warum sprechen wir an Weihnachten so oft von Freude und lachen dabei so selten?

„Fröhliche Weihnachten", schreiben wir, aber wo ist sie geblieben, diese Fröhlichkeit?

So ernsthaft und tiefsinnig wir auch über diverse Aspekte der Weihnacht nachdenken," und so schwierig die Zeiten auch sein mögen, dieses Fest ist doch die pure Freude!

Und wir haben allen Grund zum Lachen. Papst Franziskus nannte die Freude in einer Predigt gar den „wahren Atem der Christen"![11]

„Freude ist das unfehlbare Zeichen der Gegenwart Gottes", sagt auch der französische Jesuit und Philosoph Pierre Teilhard de Chardin.[12]

Wir können sie finden zwischen Erinnerung und Hoffnung; Erinnerung daran, dass wir von der Quelle des Lebens selbst in dieses Leben geliebt worden sind, und Hoffnung darauf, dass diese Liebe auch auf krummen Linien gerade schreiben kann.

Wir können Freude beim Blick in den Sternenhimmel und beim Blick ins in Regenbogenfarben schimmernde Spülwasser finden, auf der Autobahn und in der Oper, wenn uns klar wird, was für ein Wunder es ist, dass unser Herz schlägt, unsere 100 Milliarden Nervenzellen funktionieren und wir atmen ohne unser Dazutun, dass wir fühlen, riechen, hören, sehen und schmecken dürfen!

Wir können Freude finden, wenn wir Gott finden: in uns, in anderen, im Licht, im Dunkel, im Lachen, in den Tränen, im kleinen Kind, im großen All.

Einige Monate nach ihrem Pure-Freude-Lachen in der Küche wurde mein kleines Mädchen getauft, und ihr Taufspruch ist ein Geschenk, das sie sich selbst gemacht hat:

„Seid nicht bekümmert, denn die Freude am Herrn ist eure Stärke" (Nehemia 8,10).

19. DEZEMBER

ZEIT FÜR DIE SEELE

„Ich kann heute leider nicht“, höre ich Louis im Flur am Telefon zu seiner Freundin sagen, „tschüss, bis morgen!“

„Warum verabredest du dich denn nicht?“, frage ich aus dem Arbeitszimmer. „Fionn hat heute Klavierunterricht, ich arbeite, und du bist doch schon mit deinen Hausaufgaben fertig?“

„Eben“, antwortet Louis, kommt ins Zimmer und kuschelt sich an mich. „Ich möchte jetzt rausgehen, schaukeln und mich freuen. Und sonst nichts.“

Ach, wie er mich in tiefster Seele treffen kann, mein Sohn. Mein Achtjähriger weiß instinktiv, dass man Kontakt zu sich selbst braucht, um Freude empfinden zu können. Wenn er sich diese Zeit gibt, erlebt er die Momente, in denen er Wundern begegnet. So wie neulich, als er plötzlich ins Wohnzimmer kam und verkündete:

„Ich kann's nicht glauben, ich bin ein Lebewesen! Wenn du mal drüber nachdenkst, dass du ein Mensch bist und lebst! Voll cool! Ich kann über mich selbst bestimmen, ich kann meine Arme schwingen, ich kann hüpfen …"

Arme schwingend und hüpfend ließ er mich im Wohnzimmer zurück. Auch jetzt gibt er mir einen raschen Kuss und zieht seine dicke Winterjacke an, um sich im trüben Dezembergrau in die Nestschaukel im Garten zu legen, seinen Gedanken nachzuhängen und sich in die Wolken zu träumen.

Heute Abend wird er im Einklang mit sich und der Welt ins Bett gehen, mir vorher von seinen Ideen und Gedanken erzählen, mir Fragen stellen, die ich mit keinem Lexikon der Welt beantworten kann, weil es Fragen der Seele sind, die nur er selbst beantworten wird können – im Laufe der Jahre, wenn er im Gespräch mit sich selbst bleibt, mit dem, was ihn im tiefsten Inneren anrührt und lebendig macht. Wenn er diese Angewohnheit beibehält, die Welt draußen und sich selbst hereinzulassen, sich Zeit zu nehmen für sich selbst und das Leuchten seiner Seele.

Ich schaue aus dem Fenster auf mein Kind, das draußen im Garten mit seiner Seele verabredet ist. Und klappe mein Laptop zu.

20. DEZEMBER

DIE FREUDE IST ÜBERALL

An einem grauen Tag, kurz vor Weihnachten, kam mein Mittlerer sehr niedergeschlagen von der Schule zurück. Eine Freundschaft war zerbrochen, ein Lehrer war ungerecht zu ihm gewesen, es regnete in Strömen, gab eine Menge Hausaufgaben und der kleine Bruder war für nachmittags verabredet, er selbst aber nicht.

„Heute ist der schlimmste Tag meines Lebens", seufzte Fionn, und ich glaube, er glaubte das wirklich.

Der Tag ging auch nicht sonderlich gut für ihn weiter. Die schlechte Stimmung hielt an und bis zum Abend musste ich mehrmals Tränen trocknen und trösten.

Am Abend saß die ganze Familie um den Tisch herum, wir aßen, redeten, lachten ein bisschen, stritten ein bisschen, besprachen den nächsten Tag, alles war wie immer, als plötzlich Fionns glockenhelle Stimme uns unterbrach:

„Frohe Weihnacht!“, sang er, „Merry Christmas! Seht die Lichter ohne Zahl! Frohe Weihnacht! Merry Christmas! Ja, die Freude ist überall!“

Alle drei Strophen dieses Weihnachtsliedes, das die dritte Klasse dieses Jahr neu gelernt hat, sang er, ohne zu zögern und ohne zu unterbrechen. Der Rest der Familie hörte andächtig zu; wir spürten alle, dass hier etwas Besonderes geschah.

Als er geendet hatte, applaudierten wir. Fionn strahlte von einem Ohr zum anderen. Er ging an diesem „schlimmsten Tag seines Lebens“ glücklich und zufrieden ins Bett.

Mir ist diese Szene im Gedächtnis geblieben. Ich erinnere mich jedes Mal an sie, wenn ich nach einem besonders harten Tag erschöpft ins Bett falle. Dann denke ich an mein Kind, das mit seinem Singen den Schmerz vertrieben hat.

Wenn wir doch alle unsere Tage so beschließen könnten: einfach drauflos singen, vielleicht auch mit zitternden Stimmen, dem Tag zum Trotz.

Weil wir wissen, dass die Last weggesungen werden kann.

Mit einem Lied vom Licht, das die Dunkelheit durchbricht.

Einem Lied von der Freude, die überall ist.

WEIHNACHTS-WUNDER

21. DEZEMBER

GESCHENKE

„Das Wichtigste an Weihnachten sind die Geschenke", sagt mein Sechsjähriger voller Vorfreude, und etwas in mir will ihm widersprechen: „Moment mal, überleg doch mal, worum es an Weihnachten eigentlich geht! Du kennst doch die Geschichte vom Kind in der Krippe!"

Aber dann bin plötzlich ich es, die überlegt: Worum es an Weihnachten eigentlich geht, verlieren wir Großen doch selbst andauernd aus den Augen. Dabei geht es an Weihnachten doch wirklich um Geschenke! Ich erinnere mich an einen Text, den ich einmal gelesen habe, in dem diese Geschenke so wunderbar beschrieben waren:[13]

Das erste Geschenk kam von einer jüdischen jungen Frau namens Maria: **Selbstlosigkeit!** Sie gab ihre eigenen Lebenspläne auf und sagte „Ja", um buchstäblich den Himmel auf die Erde zu bringen.

Das nächste Geschenk war das ihres Verlobten, Josef: **Vertrauen!** Er glaubte seiner Freundin, dass dieses Kind tatsächlich Teil eines großen, heiligen Planes war und nicht das Ergebnis eines Betrugs.

Und auch das Kind selbst brachte der Welt Geschenke: **Vergebung. Ganzheit. Zweite Chancen. Freiheit. Gnade.**

Die Engel schenkten eine **Frohe Botschaft,** eine große **Freude** und **Frieden.** Und die Verkündigung, dass wir keine Angst haben brauchen, sondern allen Grund zum Singen haben!

Die Geschenke der Hirten: **Offenheit** für das Unfassbare und den **Glauben** an das Unglaubliche ließen sie zu den ersten Zeugen der ersten Weihnacht werden. Und dann schenkten sie noch den **Mut,** das, was sie gesehen und gehört hatten, weiterzuerzählen, trotz der Gefahr, für verrückt gehalten zu werden.

Weise Männer folgten einem Stern und packten in einem armseligen Stall neben Gold, Weihrauch und Myrrhe auch das **Staunen** über ein Wunder aus. Sie gaben alle Logik und Vernunft auf und schenkten stattdessen die **Akzeptanz,** dieses Baby an diesem schmutzigen Ort als König anzuerkennen.

Und aus der ganzen Geschichte spricht der Geist des Geschenkes der **bedingungslosen Liebe.**

Oh ja, das Wichtigste an Weihnachten sind die Geschenke. Und was für Geschenke!

Geschenke, die das Alltägliche in etwas Wundersames verwandeln.

Geschenke, die den Geber und den Empfänger gleichermaßen reich machen:

Selbstlosigkeit, Vertrauen, Vergebung, Ganzheit, zweite Chancen, Freiheit, Gnade, Freude, Frieden, Offenheit, Glaube, Mut, Staunen, Akzeptanz, bedingungslose Liebe.

Ich blicke in die strahlenden, erwartungsvollen Augen meines Sohnes und sage:

„Du hast recht! Das ist das Wichtigste an Weihnachten!"

22. DEZEMBER

GREIFBAR

Dabei warst du immer schon da.
So weit meine Gedanken zurückreichen,
und auch wenn ich noch weiter zurückdenken könnte,
als ich denken kann.
Du musst diese Welt ja ins Leben gerufen haben.
Und mich.
Und rings um uns hast du Zeichen deiner Gegenwart verteilt,
jedes Eiskristall am Fenster, jedes Blütenblatt, jede Ameise, jeder Atemzug:
ein Beweis, dass du da bist.

Immer schon da warst.

Und doch brauchten wir dich greifbar.
Mit Händen, um uns zu berühren,
und Füßen, um zu uns zu kommen.
Mit einem Stern, der von deiner Ankunft kündete,
um uns Größe und Grenzenlosigkeit zu verdeutlichen.
Und mit Engeln und Musik im Himmel,
um die Schönheit dieser Nacht zu begreifen.

Klein und nackt brauchten wir dich,
in einer Krippe im Stall,
damit wir uns mit dem Geringen versöhnen.
Mit einer Stimme brauchten wir dich,
um dich besser zu verstehen mit unseren
kleingläubigen Ohren,
und mit Haut und Haar, damit wir uns in unserer Haut
zuhause fühlen können.

Mit einem schlagenden Herzen brauchten wir dich,
um unseren eigenen Herzen trauen zu können.

Und du bist immer noch da,
in unseren Tagen und Nächten,
bis an das Ende,
so wie du es sagtest, mit deinen Worten,
die wir erst begriffen, als du da warst.

Dabei warst du doch immer schon da.

23. DEZEMBER

IN DIESER NACHT

In dieser Nacht leuchtet ein Licht
Ein Engel sagt: „Fürchte dich nicht!"
Dein großer Gott macht sich für dich klein
legt sich in deine Arme hinein

In dieser Nacht wird dunkel hell
Friede und Heil kommt in die Welt
Dein großer Gott reicht dir seine Hand
ein neues Lied klingt durch das Land

„Gloria
Gloria
Ehre sei Gott in der Höhe!
Gloria
Gloria
und Frieden auf Erden!"

Wolken, reißt auf
regnet Gerechtigkeit
Ein Stern in der Nacht
bringt Licht in die Dunkelheit

Jubel erklingt
von Tälern und Bergen
Der Himmel kommt in dieser Nacht
auf die Erde[14]

24. DEZEMBER

GOTT IST DA

Gott hat es ein für alle Mal klargemacht:
Es gibt keinen Platz, an dem er nicht ist.
Wer nackt und schutzlos,
sprachlos und haltlos in einer dunklen Scheune zur
Welt kommt,
in schmutziger Armut,
wer sich in die Arme dieser zerstörerischen Welt legt,
wehrlos und winzig,
der ist überall zu finden:
an den finstersten Stellen dieser Erde,
an den lichtlosesten Enden,
in der luftlosen Höhe und hoffnungslosen Tiefe,
in dem, was uns sprachlos macht,
und in dem, was uns den Atem stocken lässt.

Da ist ein Licht in der Dunkelheit,
eine Sicherheit in aller Angst,
eine Heiligkeit im Zerbrochenen.

**Gott kommt zu uns, wo immer wir sind.
Nie sind wir Gott los.
Gott kommt zu uns in dieser Nacht
und in allen anderen Nächten.
Gott ist da.**

25. DEZEMBER

DAS WUNDER

Gott wählt einen Weg, um zu uns zu kommen, uns Menschen zu erreichen, zu berühren, zu bewegen, zu lieben: Er wird selbst Mensch.

Wie können wir da unser Menschsein hinterfragen?
Jammern, dass wir keine Engel sind?
Beklagen, dass andere ach so menschliche Schwächen haben?

Es ist nichts falsch am Menschsein, solange wir damit nicht alleingelassen sind. Auf uns gestellt, auf unseren Verstand, unsere Selbstwahrnehmung, unseren eigenen Größenwahn, sind wir sicherlich früher oder später zum Scheitern verurteilt.

Doch da ist etwas, das uns leitet wie ein Kompass; das uns erleuchtet wie das Licht eines Sterns in der Nacht: Es ist das Ahnen, dass wir nicht allmächtig sind, auch wenn unsere Gesellschaft uns das allzu oft vermitteln möchte. Das Ahnen, dass – im Gegenteil – in unserem Herzen ein kleines Kind darauf wartet, angenommen zu werden.

Gott kommt zu uns als kleines Kind, um uns daran zu erinnern, welche Schönheit im Unfertigen, im Unerwachsenen steckt! Welche ganz eigene Stärke, welche Bedingungslosigkeit, welche Chancen, welche Spontaneität! Ein kleines Kind kann noch nichts leisten – und doch muss man es einfach lieben, nur, weil es da ist!

Gott möchte zu uns kommen. Eine Krippe in unserer Seele finden, die das Kleine unendlich kostbar macht. Dann können auch wir unser Menschsein annehmen und erkennen, dass kein anderer Mensch es verdient, ausgegrenzt zu werden von der Güte.

Denn das Göttliche lebt ja in jedem von uns. Umfängt uns alle. Das ist das Wunder der Weihnacht.

26. Dezember

Unsere Geschichte in Gottes Geschichte

Manchmal frage ich mich, ob die Hirten überhaupt ahnten, dass sie in der großen Weltgeschichte eine entscheidende Rolle spielten?

Sie machten in dieser Heiligen Nacht ihren Job wie in jeder anderen Nacht auch, als ihnen Gottes Engel die weltbewegende Nachricht brachten, dass der Retter geboren sei.

Sie suchten danach spontan und wahrscheinlich aufgeregt, wie von Sinnen, den Stall und das Kind, und sie konnten nicht anders als weiterzuerzählen, was sie erlebt hatten.

Sie wussten nicht, dass sie im Buch der Bücher verewigt würden.

Sie ahnten nicht, dass Jahrhunderte später Kinder sich darum streiten würden, wer ihre Rolle im Krippenspiel übernehmen darf.

Sie hatten keine Ahnung, dass hunderte von Liedern über sie verfasst würden.

Sie waren einfach nur Menschen ihrer Zeit, mit ihren Sorgen und Problemen, die ihre Arbeit taten, ihr Leben lebten.

Und weißt du was? Oft denke ich mir, dass das Leben jedes Menschen genauso bedeutungsvoll ist – obwohl wir uns dessen nicht bewusst sind!

Dein Leben und meins, unsere eigene Geschichte: nicht bedeutungslos oder tragisch in ihrer Kürze, sondern Teil einer größeren Geschichte über Gottes neue Welt. **Jede Tat aus Liebe, jede Freundlichkeit, jede noch so kleine Arbeit, die wir verrichten, jede Minute, die wir einem Kind etwas beibringen, einem Menschen helfen, uns um unseren Nächsten kümmern oder die Schöpfung bewahren, jede Kleinigkeit, die die Frohe Botschaft von Gottes Liebe in die Welt trägt, ist wichtig! So wichtig**
wie der Gang der Hirten zum Stall.

Gregory Mobley, der Professor für Altes Testament, schrieb einmal, es sei die Aufgabe der Theologie, unsere individuelle Geschichte mit der größten Geschichte zu verbinden, die wir uns vorstellen können![15]

Und das ist Gottes Geschichte.

Gottes Geschichte, die einen wunderbaren Anfang hat, der Liebe heißt, ist auf jeder Seite durchwirkt mit goldenen Hoffnungsfäden. Der diese Geschichte schreibt, hat uns das Versprechen gegeben, uns niemals allein zu lassen und uns ans Ziel zu bringen.

Jeden einzelnen von uns, egal ob wir Lehrer, Schüler, Kassierer, Landwirte, Ärzte oder … eben Hirten sind.

DU BIST
GELIEBT

27. DEZEMBER

DAS UNSICHTBARE

Es ist ein sehr ruhiges und familiäres Weihnachten.

Jeden Abend machen die Kinder, mein Mann und ich einen Winterspaziergang in der Kälte.

Dabei genießen wir es, in den dunklen, manchmal mit Sternen gespickten Himmel zu schauen.

Ich denke währenddessen immer an „die Menge der himmlischen Heerscharen". Wie wäre es, wenn der Himmel über mir jetzt aufbräche, Licht hervorstrahlte, Engel herniederschwebten, Musik ertönte?

Der Himmel über mir ist zwar wunderschön, bleibt aber leer, still. Und doch: Das Kind in der Krippe zeigt, dass das Unsichtbare und das Sichtbare eins werden können.

Der Himmel IST voller Engel, auch wenn ich sie nicht sehen und hören kann.

Mein Leben IST durchwebt von unsichtbarer Wahrheit über eine Liebe, die ich nicht be-„greifen" kann, die aber so real ist wie die kalte Winterluft, die gerade meine Lungen füllt.

Ich halte die behandschuhte Hand meiner Tochter fest und fühle mich nicht viel älter als sie angesichts dieses Wunders.

Das schönste Erlebnis
ist die Begegnung
mit dem Geheimnisvollen.
(Albert Einstein)

VON GOTT
GEHALTEN

28. Dezember

Gottes Haus

Im Alten Testament gibt es eine Geschichte, die mir um die Weihnachtszeit immer mal wieder in den Sinn kommt (vgl. 2. Samuel 7), denn sie gibt einen Hinweis darauf, wie Gott unser Denken und unsere Überzeugungen auf den Kopf stellt: König David möchte Gott einen Tempel bauen, doch der lässt David verkünden, dass stattdessen er David ein Haus bauen möchte.

„So spricht der Herr: Solltest du mir ein Haus bauen, dass ich darin wohne? (...) der Herr verkündigt dir, dass der Herr dir ein Haus bauen will" (2. Samuel 7, 5 und 11).

Wieder mal kehrt Gott das Untere zuoberst.

Da will jemand Gott ein Haus bauen, aber Gott sagt: Ich baue dir eins!

Dieser Rollentausch ist ein Zeichen für den Umschwung, für den Weg der Gnade, der schließlich in Jesus Christus für unsere Augen erkennbar und für unsere Hände fühlbar vor uns hingestellt wird.

Wir versuchen, zu Gott zu kommen und ihm zu gefallen durch große Taten, laute Worte.

Und da kommt Gott zu uns, klein, leise. Dreht unsere Vorstellung einfach um.

So ist es doch in unserem Leben immer wieder: Das, was wir suchen, ist schon da. Sitzt auf einem Ast, wie ein kleiner Vogel, und zwitschert. Und dann schauen wir hin und hören plötzlich das Lied.

Oder es liegt am Wegesrand, wie glitzernder Schnee, unser Blick fällt ganz unverhofft darauf – und plötzlich sehen wir das Leuchten!

Oder es ist im Wind, der unser Gesicht streift, und ganz plötzlich fühlen wir die Weichheit.

Und Gott sagt:

Ich bin schon da!

29. DEZEMBER

ICH BIN DEIN HAUS

Du kannst dich in mir verstecken
du gehst in mir ein und aus
Mein Herz ein Dach, um dich zu decken
Ich bleibe fest – ich bin dein Haus

Du kannst in mir sicher schlafen
ich stell Mauern um dich auf
Ich bin dir ein sich'rer Hafen
ich bleibe fest – ich bin dein Haus

Und unter Flügeln berg ich dich
wenn du verloren bist, leer und matt
Und über Hügel trag ich dich
an meiner Liebe wirst du satt

Wenn dunkle Nächte an dir nagen
dann ruf nur meinen Namen aus
du musst nichts tun und nicht mehr sagen
ich bleibe fest – ich bin dein Haus

Und wenn Menschen dich verletzen
und das Leben laugt dich aus
kannst du in meinem Schatten sitzen
komm ruh dich aus – ich bin dein Haus

**Und unter Flügeln berg ich dich
wenn du verloren bist, leer und matt
Und über Hügel trag ich dich
an meiner Liebe wirst du satt**

Mitten im Sturm mach ich dich ruhig
du weißt, ich reiße dich heraus
alles vergeht, auch deine Furcht
ich bleibe fest – ich bin dein Haus[16]

30. DEZEMBER

STEINE IN DER MANTELTASCHE

Die etwas klebrigen Hände meines Vierjährigen nesteln an meiner Manteltasche herum. Zuerst denke ich, er sucht etwas, doch dann spüre ich, dass er etwas hineingetan hat. Meine Finger schließen sich um drei kleine Steine: zwei sehr runde, einen mit angerauten Kanten.

„Immer, wenn du diese Steine in deiner Manteltasche fühlst, sollst du an mich denken", erklärt mein kleiner Junge und blickt mit seinen leuchtenden Augen ernst zu mir hoch.

Jahre später sind die Steine immer noch in meiner Manteltasche, der kleine Junge ist jetzt um einiges größer. Nach jeder Frühlingsreinigung des Wintermantels lege ich die Steine zurück, und wenn ich den Mantel im Oktober zum ersten Mal wieder anziehe und in die Tasche greife, sind sie wieder da, die Steine. Manchmal freue ich mich schon vorher darauf und erwarte ihre kühle Berührung, manchmal habe ich sie fast vergessen und bin überrascht, wenn ich die Hände in die Taschen stecke.

Der kleine Junge mit den klebrigen Händen hat an jenem Wintertag so viel mehr getan, als nur Steine in meine Manteltasche zu legen.

Wenn ich die kleinen Kiesel zwischen den Fingern spüre, erinnere ich mich an seine strahlenden Augen. An einen harten Winter. Die Freude meiner Kinder. Meine inneren Kämpfe und Sorgen. Was Weihnachten in jenem Jahr für mich bedeutet hat. Was Trost ist.

Ich erinnere mich an schwere Zeiten und gute Freunde, an Gottes Fußspuren in meinem Leben. Schneeglöckchen in den Vorgärten. Daran, dass die Zeit vergeht und Wunden heilen können. Daran, dass alles wächst und sich verändert, und dass nach jedem Winter ein Frühling kommt, solange die Erde steht. An Worte, Zeichen, kleine und große Wunder.

Daran, dass ich geliebt bin. Daran, dass ich hier bin und gebraucht werde. Daran, dass jemand möchte, dass ich an ihn denke.

Meine Steine in der Manteltasche sind meine kleinen Anker auf so manchem Winterspaziergang, ein Grund zur Dankbarkeit, eine Aufforderung zum Rückblick und zum hoffnungsvollen Ausblick in die Zukunft. Sie sind mit ihrem Kieselstein-Blick, der die Ewigkeit kennt, kleine Reiseleiter durch die kurze Strecke meiner Jahre. Sie erzählen mir mit ihren alten, weisen, ruhigen, sanften Stimmen still davon, dass der Lebensfluss uns alle formt und uns alle braucht.

Was hat dich durch dieses Jahr getragen? Durch was bist du gegangen in deinem Leben, was hat dich verändert, zerbrochen, aufgerichtet? Wer stand dir zur Seite, wo hast du Trost und Unterstützung erfahren? Welche Schritte haben dich nach vorne gebracht? Unter welchen Flügeln hast du dich geborgen, nach welchem Himmel hast du dich ausgestreckt? An wen hast du gedacht, wem deine Hand gereicht?

Sammle heute ein paar Steine und stecke sie in deine Tasche. In ein paar Jahren erzählen sie dir von einem Leben, das voller Wunder ist.

31. DEZEMBER

Ich glaube an den heiligen Raum in mir. Den Teil in mir, der Gottes Krippe ist.

Wo Gott wohnt. Wo ich heil bin.

Wo ich geliebt bin um meiner selbst willen. Nicht, weil ich etwas leiste oder kann, oder weil ich jemand bin in der Welt da draußen, sondern weil ich jemand bin, der den Funken Gottes in sich trägt, der Gottes Kind ist.[17]

Dies kann ich nicht erwerben oder verlieren.

Dies gilt nicht mal mehr, mal weniger.

Dies ist der Kern der Wahrheit.

Hier ist keine Wertung, sondern Würde. Kein Urteil, sondern Liebe. Keine Verletzung, sondern Friede.

Hier bin ich rein. Hier bin ich reich.

**Hier in mir, in meinem heiligen Raum,
fängt Gott immer wieder von Neuem an.
Schlägt jeden Tag aufs Neue die Augen in mir auf.
Kommt in mir zur Welt.**

Das alte Jahr vergeht, das neue kommt mit großen Schritten.

Doch in meinem heiligen Raum steht die Zeit still, ist eingetaucht ins Meer der Grenzenlosigkeit.

Hier spricht Gott zu mir:

O Seele, suche dich in Mir,
und, Seele, suche Mich in dir.
Und meinst du, Ich sei fern von hier,
dann ruf Mich, und du wirst erfassen,
dass Ich dich keinen Schritt verlassen:
und, Seele, suche Mich in dir.

Teresa von Ávila

(Übersetzung: Erika Lorenz)

1. JANUAR

ALLES NEU

Jedes Jahr in der Adventszeit gehen wir zurück an den Anfang. Zurück zu der ersten Weihnacht, als ein Stern aufging und ein junges Paar sich auf einen beschwerlichen Weg machte. Als ein Kind geboren wurde, das den Lauf der Weltgeschichte änderte, und Engel vom Himmel sangen.

An jedem Geburtstag feiern wir den Anfang eines Menschenlebens, den Beginn seiner Existenz.

Und heute, an Neujahr, ist der Tag des „Anfangs" schlechthin. Jedes Jahr beginnt wie die ersten Seiten eines ungelesenen Buches oder wie frisch gewaschene Bettwäsche, in die man sich zum ersten Mal legt, oder wie eine weiße Leinwand, und wir stehen davor mit Pinsel und Farben, voller Versprechen von Schönheit und Gelingen.

Doch vielleicht fängt für dich das Neue Jahr mit den gleichen Sorgen an, mit denen das letzte geendet hat, und dein Blick in die Zukunft ist verschwommen, dunkel und angstmachend.

Dann ist dieses Geheimnis für dich:

Es kann nichts Neues geben ohne das Zurückgehen zum allerersten Anfang, zum Ursprung.

Auch dieser neue Abschnitt deines Lebensflusses wird aus einer Quelle gespeist.

Wenn der Weg nach vorne dir Angst macht, weil der Boden unter dir wankt, wenn deine Wahrheiten dich belogen haben, deine Träume alt werden, deine Sehnsucht vergilbt, wenn dein Herz sich klein und kalt anfühlt, deine Hoffnung sich versteckt, dann kannst du nicht fröhlich nach vorne schauen, auch nicht an Neujahr.

Dann geh zurück. Zurück zum Anfang.

Geh zur Quelle. In ihr ist der Halt gebende Boden, der alterslose Traum, die wärmende Hoffnung und die eigentliche Wahrheit über dich: nämlich, dass du seit Ewigkeiten, von Anfang an, von Gott geliebt und gehalten bist.

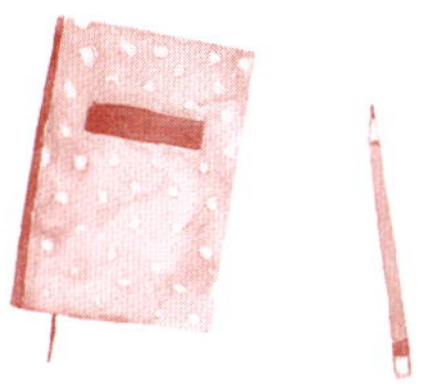

„Lange bevor uns irgendein Mensch gesehen hat, hat uns schon Gottes Antlitz angeschaut, das von Liebe strahlt.

Lange bevor uns irgendjemand weinen oder lachen gehört hat, hat uns Gott schon gehört, der ganz Ohr für uns ist.

Lange bevor irgendein Mensch in dieser Welt etwas zu uns gesagt hat, hat uns schon die Stimme der ewigen Liebe angesprochen.

Unsere Kostbarkeit, Einmaligkeit und Individualität erhalten wir nicht von denen, die uns in der von Uhren messbaren Zeit begegnen – in unserer kurzen chronologischen Existenz –, sondern von dem Einen, der uns aus immerwährender Liebe auserwählt hat, aus einer Liebe, die von Ewigkeit her existierte und in alle Ewigkeit fortdauern wird."[18] (Henri Nouwen)

Um dieses Wunder für uns verständlicher zu machen, wurde Gott ein Mensch.

Dieses Wunder zu kennen, macht an jedem Tag, egal woher wir kommen oder wohin wir gehen, alles neu.

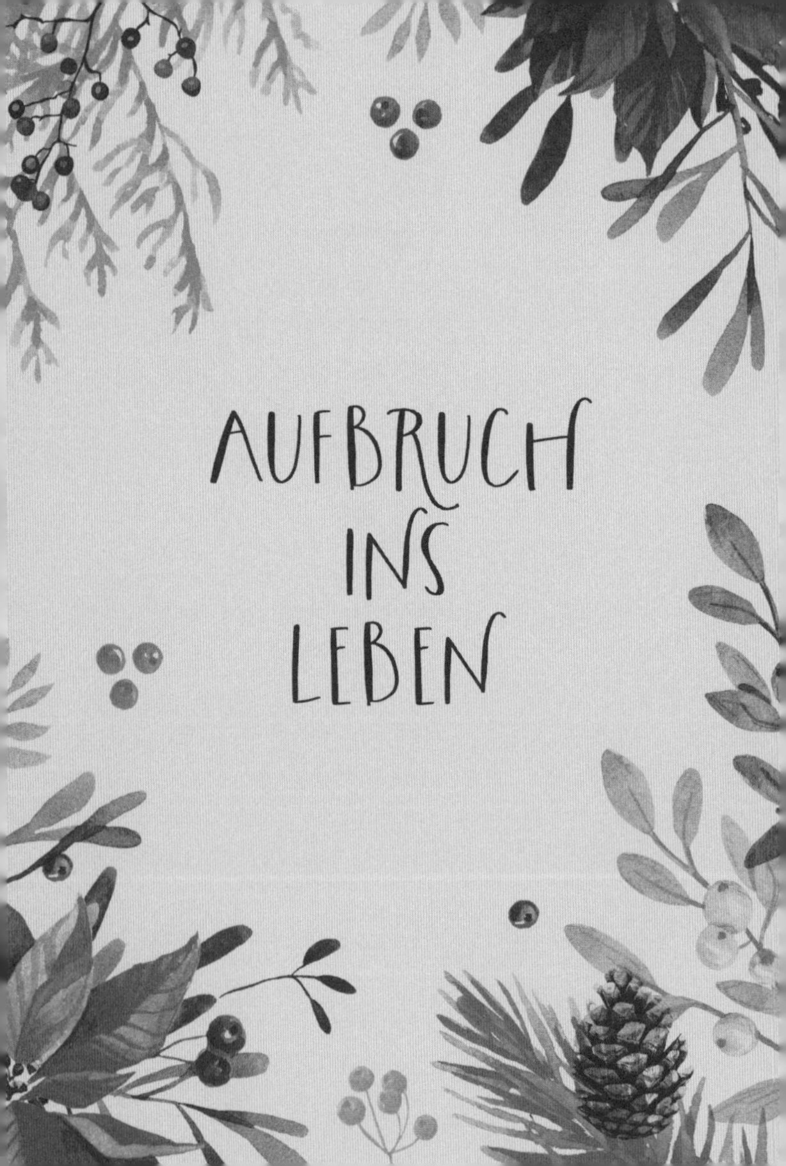
AUFBRUCH
INS
LEBEN

2. JANUAR

DAS GOLD DER WEISEN

Sie sind Gelehrte, Weise, Forscher. Der Himmel ist ihr Wegweiser. Sie folgen einem Stern und finden einen Stall. Und packen dennoch dort, im Schmutz, im Dunkel, ihre Gaben aus: Gold, Weihrauch, Myrrhe.

Der Duft der Harze siegt über den Geruch des alten Strohs und der Tiere und inmitten des ärmlichen Stalles, düster und kalt, erstrahlt Goldglanz.

Gold, das kostbarste aller Metalle. Gold, das unglaublich selten ist, schwer wiegt, unvergänglich ist. Das nicht korrodiert, für immer rein bleibt. Gold, das vor Ewigkeiten beim Zusammenstoß von Sternen entstand und sich im Kern der Erde absetzte.

Ja, nur weise Menschen würden dem armseligen Baby in der Krippe kostbares Gold schenken, anstatt „Verzeihung, falsche Adresse" murmelnd rückwärts aus dem Stall zu eilen, die Truhen unter den Arm geklemmt, um dann nach einem angemesseneren Ort für einen Herrscher zu suchen.

Nur weise Menschen würden dem kleinen, nackten König in der Krippe das schenken, was sein Wesen verkörpert, seine Essenz.

Und nur weise Menschen würden dieses Geschenk auch anderen Menschen machen: ihren Brüdern und Schwestern, ihren Kindern, Partnern, Freunden, Eltern und Nachbarn, in denen ebenfalls etwas Kostbares steckt, etwas Ewiges, Reines.

„In einem jeden Menschen gibt es von diesem Gold zu entdecken, je mehr man ihn liebt, desto mehr jeden Tag. Es käme darauf an, dass wir den Menschen sehen lernen mit Gottes Augen, um Gott darin zu finden, und wir würden erkennen, dass ein jeder Mensch in sich kostbar ist wie Gold und dass es etwas gibt in seinem Leben, das ihn zu einem König macht, so würdig, so reich und so groß, denn eines jeden Menschen Leben kommt von den Sternen."[19] (Eugen Drewermann)

3.JANUAR

GOLD

Du putzt deine Zähne und kämmst deine Haare
und hoffst, diese Welt zeigt ein bisschen Erbarmen
du fühlst dich nur halb, und siehst nur verschwommen
und versuchst, irgendwie zurechtzukommen
Und niemand sagt, was so nötig ist
dass alles nur, weil du bist, besser ist

Denn da ist Gold in deiner Brust
du hast es immer geahnt und immer gewusst
in deinen Adern fließt reines Gold
du hast es immer gesucht und immer gewollt
Kannst du es sehn, wie es leuchtet
sehn, wie es glänzt
Auch wenn du es im Spiegel nicht erkennst
Haare und Augen, Hände und Haut
du bist aus reinem Gold gebaut

Du trittst in ein Zimmer und drehst dich um
und änderst die Welt um dich herum
nur weil du da bist, ist alles anders
egal ob du's glaubst und danach handelst

dass alles viel, viel heller ist
und das einfach nur, weil du bist, wer du bist

Denn da ist Gold in deiner Brust
du hast es immer geahnt und immer gewusst
in deinen Adern fließt reines Gold
du hast es immer gesucht und immer gewollt
Kannst du es sehn, wie es leuchtet
sehn, wie es glänzt
Auch wenn du es im Spiegel nicht erkennst
Haare und Augen, Hände und Haut
du bist aus reinem Gold gebaut

Gold wie du atmest, Gold wie du lachst
du bist aus reinem Gold gemacht[20]

4. JANUAR

MEIN LEBEN OHNE MICH

Vor vielen Jahren fuhr ich an einem eiskalten, grauen Januarmorgen in meinem klapprigen Auto zu einem Fotoshooting für meine erste CD. Mein Leben war wie dieser Tag: grau und eiskalt. Ich war seit einigen Monaten alleinerziehende Mutter einer Dreijährigen und ich haderte mit meinem Schicksal. Ich verstand es nicht, fand es nicht fair, es sollte so nicht sein. Mein Leben war anders geplant gewesen, und das, was mir hier gerade widerfuhr, war nicht Teil dieses Planes.

An einer Raststätte hielt ich kurz an, um zur Toilette zu gehen. Als ich wieder zum Auto zurückkam, rutschte mir das Herz in die Hose: Ich hatte den Schlüssel im Auto liegen lassen und die Tür von innen verriegelt, bevor ich sie beim Verlassen des Fahrzeugs zugeschlagen hatte.
Hier stand ich nun, von oben rieselte der Schneeregen auf mich herab, und ich blickte durch

die Fensterscheiben meines Autos ins warme Innere, wo Geldbeutel, Handy und Wintermantel auf dem Beifahrersitz lagen.

Der Mann, der in der Tankstelle an der Kasse stand, ließ mich deutlich spüren, dass es nicht sein Job war, die Missgeschicke gedankenloser Frauen wiedergutzumachen, und rief nur widerwillig auf mein Bitten hin den ADAC an. Auf den wartete ich dann 45 Minuten lang zitternd in der Ecke der Tankstelle, während ich versuchte, die genervten Blicke des Tankstellenmitarbeiters zu ignorieren.

Ich blickte durchs Fenster auf mein Auto und die für mich unerreichbaren Gegenstände darin, die ich so dringend gebraucht hätte.

„Das ist mein Leben", dachte ich da plötzlich. „Dieses Auto ist wie mein ganzes Leben. Ich schaue von draußen rein, aber ich habe keinen Schlüssel mehr dazu, und an alles, was ich brauche, komme ich nicht heran."

Dass ich in meinem eigenen Leben nur ein Zuschauer war, wurde für mich in diesem Moment so klar, dass mich noch mehr fröstelte.

Ich spielte keine Rolle in meinem Leben. Mein Leben lebte sich ohne mich.

Als ich später neben dem gelb gekleideten Herrn vom ADAC stand, der am Schloss meines inzwischen fast komplett eingeschneiten Autos herumhantierte, beschloss ich, dass es so nicht mehr weitergehen würde. Ich würde wieder in mein Leben einsteigen.

Ich hatte keine Idee, wie das gehen sollte, wie es aussehen würde, aber ich spürte eine leise Ahnung in mir …

Das Schloss sprang auf, ich öffnete die Tür, hüllte mich als Erstes in meinen warmen Mantel, tauschte mit dem „gelben Engel" vom ADAC die Formalitäten aus und ließ mich danach auf den Fahrersitz fallen. Nachdem ich beim Fotografen Bescheid gegeben hatte, dass ich eine Stunde später kommen würde, atmete ich tief durch und schaltete die Scheibenwischer ein.

Der Schnee auf der Windschutzscheibe wurde quietschend weggewischt, durch schlierige Scheiben blickte ich nach vorn. Etwas in mir leuchtete.

Ich atmete tief durch und startete den Motor.

Wenn ich heute auf diesen Tag zurückblicke, sehe ich ihn als Beginn einer neuen Zeitrechnung, obwohl sich damals rein äußerlich ja gar nichts veränderte.

Aber in mir hatte ich eine leise Stimme vernommen, die mich aufforderte, an meinem Leben wieder teilzunehmen. Es war der erste Schritt zur Akzeptanz meiner Umstände, der erste Schritt in ein Universum voller Möglichkeiten, das mir offenstand, auch wenn sich mein Leben sehr anders entwickelt hatte als in meinen Entwürfen geplant.

Wenn das Konstrukt unseres Lebens zusammenbricht, ist es völlig normal, in einen Schockzustand zu verfallen, von außen auf das eigene Leben zu blicken, jemanden verantwortlich machen zu wollen und dem Gefühl nachgeben zu wollen, erst wieder mitzuspielen, wenn wir eine Garantie für Erfolg bekommen.

Doch die gibt es nicht.

Und die Welt dreht sich weiter, die Sonne geht auf und unter, der Schnee fällt vom Himmel, auch wenn wir trotzig mit verschränkten Armen oder mit von Tränen verschleiertem Blick neben unserem Leben stehen und nur noch von außen durch die Scheiben schauen.

Doch da ist eine Stimme. Eine Stimme in uns, die sagt:

„Steig wieder ein!

Du bist Teil dieses Lebens, und du gehörst dazu, genau wie die Sonne und der Schnee.

Steh nicht daneben und schau deinem Leben zu, sondern wirf dich hinein in die Fülle, mit allen Sinnen und aller Kraft. Kannst du den Wind spüren? Erinnerst du dich an Sommertage und das Gefühl, aus vollem Herzen zu lachen? Siehst du die Wolken und hörst du das Lied der Vögel?

Sing mit, tanz mit, wirf dich hinein, mit Haut und Haar. Wirf deinen Schmerz in die windgepeitschten Bäume, wirf deine Träume zu den Wolken. Lass sie los und sieh, wohin sie wehen. Sei in den Sekunden, Minuten und Stunden, die dir gegeben sind, und nimm wahr, wie sie zu einem dicken, bunten Strang aus Jahren verwebt werden. Sing deine Lieder laut und tauche tief ein ins Meer der Stille. Sei hier. Nimm teil. Denn ich bin doch bei dir.

Spürst du, wie lebendig dieser Tag ist?
Hörst du das Knistern der Sterne in der Nacht?
Das bin ich.
Ich bin das Leben. Nimm teil!
Ich bin der Weg. Komm mit!

Ich bin die Wahrheit, und du kennst mich. Lass deine Seele leuchten!"

5. JANUAR

AUFBRUCH

In der letzten Zeit habe ich oft das Wort „Aufbruch" in Kopf und Herz. Ich denke darüber nach, dass neue Wege vor uns liegen in diesem neuen Jahr, dass Unbekanntes geschehen wird, und wir uns voll Vertrauen aufmachen sollen in das, was auf uns zukommt.

Aufbrechen eben.

Im Allgemeinen kennt man das Wort als „Beginn einer Entwicklung, die noch ganz am Anfang ist". Ein Aufbruch ist ein Drängen nach vorn, ein Wagnis, ein Beginn, ein Losgehen.

Doch das Wort „Aufbruch" beinhaltet noch eine ganz andere Dimension: Eine Knospe bricht auf und entfaltet eine Blüte. Wann immer etwas aufbricht, wird das Innere nach außen gekehrt. Es zerbricht das Harte, das das Innere verborgen hielt, vielleicht auch schützte.

Aufbrechen kann wehtun und auch Scherben verursachen.

Aufbrechen kann aber auch das Licht in das Dunkle hineinscheinen lassen und uns befreien.

So will ich aufbrechen in dieses neue Jahr.

Ich will mich öffnen.

Will das, was in der Tiefe ist, nach außen strahlen lassen.

Will das Licht von außen in die verborgenen Schichten dringen lassen.

Will das Weiche nach außen kehren, wie eine zarte Blüte, und kein Schutzschild mehr um mich und vor mir hertragen.

Aufbrechen will ich und kleine Schritte gehen, zarte Schritte, langsame, weiche Schritte in das neue Jahr hinein, wissend um meine Verletzlichkeit und die Verletzlichkeit der Welt.

Aufbrechen will ich und mich zeigen, wie ich bin, ohne Maske.

Denn ich bin ja hier und dankbar,

eine Aufgebrochene, Aufbrechende unter vielen anderen Aufgebrochenen, Aufbrechenden.

Wir brechen auf und halten es in unseren Händen,
das, was uns verbindet, die Tiefe,
das Innerste.
Und wir brechen zusammen auf in einen
neuen Tag,
eine knospende Zeit.

6. JANUAR

DIE MELODIE

Ich bin dieses Jahr in die Advents- und Weihnachtszeit gestartet mit Gedanken über das Warten und ich beende sie mit Gedanken über den Aufbruch, das Aktivwerden, das Losgehen.

Zwischen diesen beiden Polen findet das tägliche Leben statt. Ich glaube, dass leben darin besteht, eine Balance zu finden. Das versuchen wir jeden Tag, bewusst oder unbewusst.

Wir sind in diese Welt gestellt, zwischen Himmel und Erde,

zwischen warten und gestalten.

Unsere Erde dreht sich ewig um sich selbst, und wir sind dazu aufgefordert, dasselbe zu tun, uns selbst zu erkennen, unser heiliges Inneres zu entdecken.

Gleichzeitig wollen und sollen wir uns selbst vergessen, uns „verlieren", uns um andere drehen, um etwas Größeres, so wie sich die Erde um die Sonne dreht.

Die Schwerkraft hält uns am Boden, wir sehnen uns nach Dauer und Beständigkeit, versuchen, an einem Ziel festzuhalten, unsere Augen darauf zu richten und

nicht abzuweichen; es zieht uns in die Tiefe,
nach innen, in die Stille.

Gleichzeitig ruft uns die Fliehkraft unseres Planeten,
bereit zu sein zur Veränderung, zur Wandlung,
zur Neuerung, und es drängt uns immer nach außen,
nach der Weite, nach Neuem, nach Abenteuer!

Wie soll das alles gleichzeitig funktionieren?

Das ist eines der Geheimnisse, vor denen ich staunend kapituliere. Von denen ich rede und singe, die ich versuche, durch mein Leben zum Ausdruck zu bringen. Eines der Wunder, die ich in meinem Herzen bewege und sie dennoch nicht verstehe:

Ein kleines Kind
hält das Leben in all seiner Größe, Tiefe, Weite
in seinen winzigen Händchen.
Unser Herz hält dieses Kind
und wir sind gehalten.

Aus Sternenstaub sind wir gemacht
und alle tragen wir in uns einen Teil des Höchsten.
Wir fliegen ins All und gehen durch die Hölle,
wir schlichten Streit und führen Kriege.
Wir sehnen uns nach Erlösung und hängen doch am Leben.

Hier stehen wir, aufgespannt zwischen Himmel und Erde, und jedes Leben singt dasselbe Lied des Menschseins. Doch einer singt ein Lied über uns, das das schönste von allen ist, mit einer Melodie aus Geheimnis und Gnade und Wunder.

Das ist es, was wir hören, wenn wir uns manchmal unseres Atems bewusst werden, der uns durchströmt von der ersten bis zur letzten Sekunde. Das ist es, was wir hören im Wehen des Windes, im Rauschen des Baches, im Fallen des Regens, im Klopfen unseres Herzens.

Eine Melodie aus Geheimnis und Gnade und Wunder.

Atme tief ein und aus.

Atme tief ein und aus, und nimm deines Nachbarn Hand.

Atme tief ein und aus, reiche deine Hand,
und hör hin!

Gott spricht:

O Seele, suche dich in Mir,
und, Seele, suche Mich in dir.
Die Liebe hat in Meinem Wesen
dich abgebildet treu und klar;
kein Maler lässt so wunderbar,
o Seele, deine Züge lesen.

Hat doch die Liebe dich erkoren
als Meines Herzens schönste Zier;
bist du verirrt, bist du verloren,
o Seele, suche dich in Mir.

In Meines Herzens Tiefe
trage ich dein Porträt, so echt gemalt;
sähst du, wie es vor Leben strahlt,
verstummte jede bange Frage.

Und wenn dein Sehnen Mich nicht findet,
dann such nicht dort und such nicht hier;
gedenk, was dich im Tiefsten bindet,
und, Seele, suche Mich in dir.

Du bist Mein Haus und Meine Bleibe,
bist Meine Heimat für und für;

Ich klopfe stets an deine Tür,
dass dich kein Trachten von Mir treibe.

Und meinst du, Ich sei fern von hier,
dann ruf Mich, und du wirst erfassen,
dass Ich dich keinen Schritt verlassen:
Und, Seele, suche Mich in dir.

Und meinst du, Ich sei fern von hier,
dann ruf Mich, und du wirst erfassen,
dass Ich dich keinen Schritt verlassen:
Und, Seele, suche Mich in dir.

Teresa von Ávila

(Übersetzung: Erika Lorenz)

Anmerkungen

1 „Göttliche Gesetze" aus: Ders. Barcelona, Berlin, Amerika. 1928–1931. Chr. Kaiser Verlag, München 1991.

2 Fulbert Steffensky: „Ein seltsamer Freudenmonat". Radius Verlag GmbH, Stuttgart 2011.

3 Text & Musik: Dania König © 2020 bei der Urheberin.

4 https://www.cell.com/current-biology/fulltext/S0960-9822(19)30162-9 und https://www.mdr.de/wissen/nachtblind-das-loch-in-unserem-gesichtsfeld-100.html.

5 Eugen Drewermann: „Der offene Himmel". Patmos Verlag, der Schwabenverlag AG, Ostfildern 1990.

6 Ebd.

7 „Elephant in the Dark": The Essential Rumi, new expanded edition. Coleman Barks 2004.

8 1. Korinther 13,9–12; GNB.

9 Richard Rohr: „Auf dem Weg nach Weihnachten". Verlag Herder GmbH, Freiburg im Breisgau 2009.

10 Text & Musik: Dania König © 2020 königreich, Gerth Medien.

11 http://www.vatican.va/content/francesco/de/cotidie/2018/documents/papa-francesco-cotidie_20180528_christliche-freude.html.

12 James Martin SJ: „Between Heaven and Mirth". HarperOne 2011.

13 Sarah Ban Breathnach: „The gifts of Magi" in: Simple Abundance. 356 Days to a balanced and joyful life". Pantam Press, a division of Transworld Publishers. Great Britain 1995.

[14] Nach Jesaja 42,1–11, Jesaja 45,7–8, Lukas 2,13–14,
Text & Musik: Dania König © königreich, Gerth Medien.

[15] Vgl. Gregory Mobley: „The Return of the Chaos Monsters: And other backstories of the bible", Grand Rapids: Eerdmans, 2012, S. 7.

[16] Nach Psalm 91, Text & Musik: Dania König © 2020 königreich, Gerth Medien.

[17] Vgl. 1. Johannes 3,2.

[18] Henri Nouwen: „Du bist der geliebte Mensch", Verlag Herder GmbH, Freiburg im Breisgau 1993.

[19] Eugen Drewermann: „Der offene Himmel". Patmos Verlag, der Schwabenverlag AG, Ostfildern 1990.

[20] Text & Musik: Dania König © 2020 bei der Urheberin.

Dania König & Martin Buchholz
Wundernacht
Dania König
&
Martin Buchholz

WUNDERNACHT

VON DANIA KÖNIG & MARTIN BUCHHOLZ

Ein Versprechen vorneweg: Wenn es draußen kalt wird, werden diese Lieder Ihr Herz erwärmen! Und wer die Ohren spitzt, kann hören, wie die Engel singen. Also lassen Sie sich doch mal wieder erinnern: an den Stern und die Hirten, den Stall und die Krippe, an das neugeborene Kind und den alten Traum vom Frieden auf Erden.

Poetische Lieder, die ohne Umwege zu Herzen gehen. Mit Melodien, bei denen jeder Widerstand zwecklos ist. Ganz neue Texte und Töne neben vertrauten Liedern, die Sie so noch nie gehört haben. Eine bewegende musikalische Reise vom ersten Advent bis Heiligabend. Und wer weiß, ob unterwegs nicht auch für Sie ein Stern aufgeht und ein Moment der Vorfreude vom Himmel fällt: „Das ist deine Wundernacht!"

Dania König und Martin Buchholz
Wundernacht
Audio CD, 16 Titel, Artikel-Nr.: 095100069
EAN/ISBN: 0712221262227

„Innehalten, hinschauen. Neu staunen lernen. Und dann kleinen Wundern beim Wachsen zuschauen. Genau dazu lädt uns Dania König in ihrem Buch ein."

Leserstimme

Mitten im Alltag aufblühen

Mit ihren kleinen Geschichten und poetischen Gedanken, inspiriert aus ihrem Alltag als Mutter, Künstlerin und vor allem als Lebensliebhaberin, verwandelt Dania König unsere Welt auf wunderbare Weise. Mit allen Sinnen erspürt sie die göttliche Gegenwart und lädt uns ein, innezuhalten, hinzuhören, wahrzunehmen – und kleinen Wundern beim Wachsen zuzuschauen. Der schmutzige Fußboden ist plötzlich heilig, die Morgenroutine nicht mehr mühsam, sondern wundervoll. Eine leise Hymne an die Heiligkeit des Alltags.

Dania König
Deine Seele will blühen
Gebunden • 160 Seiten
ISBN 978-3-95734-697-1

DAS 3-JAHRE-TAGEBUCH

Dieses Buch hilft dabei, Klarheit darüber zu bekommen, auf welchem Kurs wir sind – im Leben und Erleben, in unseren Beziehungen und vor allem im Glauben. Pro Tag lädt das Buch ein, eine neue Frage zu beantworten. Vertieft wird diese durch einen passenden Bibelvers. Manche Antworten dauern nur wenige Sekunden, manche brauchen etwas Zeit. Doch Stück für Stück entsteht eine Chronik unseres Lebens.

Nicole Schol
Meine kleinen Momentaufnahmen
Gebunden • 384 Seiten
ISBN 978-3-95734-692-6

1. Auflage 2021
Bestell-Nr. 817805
ISBN 978-3-95734-805-0

Umschlaggestaltung, Innengestaltung und Satz: Hanni Plato
unter Verwendung von Shutterstock
Druck und Verarbeitung: Lego SpA, Italien